BEI GRIN MACHT SICH IHR WISSEN BEZAHLT

AF145598

- Wir veröffentlichen Ihre Hausarbeit, Bachelor- und Masterarbeit

- Ihr eigenes eBook und Buch - weltweit in allen wichtigen Shops

- Verdienen Sie an jedem Verkauf

Jetzt bei www.GRIN.com hochladen und kostenlos publizieren

Bibliografische Information der Deutschen Nationalbibliothek:

Die Deutsche Bibliothek verzeichnet diese Publikation in der Deutschen National-bibliografie; detaillierte bibliografische Daten sind im Internet über http://dnb.d-nb.de/ abrufbar.

Impressum:

Copyright © 2017 GRIN Verlag, Open Publishing GmbH
Druck und Bindung: Books on Demand GmbH, Norderstedt Germany
ISBN: 9783668528055

Dieses Buch bei GRIN:

http://www.grin.com/de/e-book/375248/lern-und-arbeitstechniken-im-studium

Maximilian Fritz

Lern- und Arbeitstechniken im Studium

So wende ich Lern- und Arbeitstechniken in meinem Studium an

GRIN Verlag

Hochschule Heilbronn
Wintersemester 2016 / 2017

Wirtschaftsinformatik
Lern- und Arbeitstechnik

Hausarbeit:
So wende ich Lern- und Arbeitstechniken in meinem Studium an

Maximilian Fritz

Fachsemester: 1

Inhaltsverzeichnis

Vorwort zur Hausarbeit

In meiner Hausarbeit mit dem Thema „So wende ich Lern- und Arbeitstechniken in meinem Studium an" möchte ich einen Einblick in meine Lern- und Arbeitsstrategie wiedergeben. Meine Hausarbeit ist in vier Kapitel untergliedert in denen ich einen Überblick in meine Lern- und Arbeitstechnik geben möchte.

Im ersten Kapitel „Das Lernen" erläutere ich den Aufbau meiner Lernstrategie. Dazu erhalten sie eine Einsicht in mein Arbeitsumfeld, welcher Lerntyp ich bin, welche Lernstrategie ich verfolge, wie ich Störungen vermeide und wie mein allgemeiner Zeitplan aufgebaut sein wird. Da ich zur Finanzierung meines Studiums noch eine Nebentätigkeit ausübe, ist eine gute Zeiteinteilung für mich besonders wichtig.

Im zweiten Kapitel „Mitarbeit in Vorlesungen" erhalten sie einen Einblick, wie meine Vorbereitungen für die unterschiedlichen Module und eine engagierte Teilnahme in in den verschiedenen Vorlesungen aussehen sollen. Dazu gehört auch das Notizen schreiben. Im Anschluss gebe ich eine Erläuterung über meine Lerntechnik in der Nachbereitung. Dabei möchte ich meinen Aufbau bzw. meine Struktur und die zeitliche Planung erklären.

Im dritten Kapitel „Die schriftliche Prüfung" möchte ich einen Überblick zu den Vorbereitungsphasen der verschiedenen Module geben. Hier habe ich eine für meine Bedürfnisse geeignete Lerntechnik erstellt, die sich in der Vergangenheit weitestgehend bewährt hat.

Dazu möchte ich begründen welchen Vorteil Lerngruppen haben und wie ich den Tag der Prüfung vorbereite und wie ich die Prüfung danach reflektiere.

Im vierten Kapitel gebe ich in einem Fazit wieder, weshalb diese Strategien für meinen Lerntyp optimal sind. Hierbei möchte ich spekulieren ob meine Strategien für Menschen des gleichen Lerntyps geeignet sind.

1   Das Lernen

Tag für Tag prägen wir uns neue Dinge ein. Das müssen nicht unbedingt Inhalte aus dem Studien- oder Arbeitsalltag sein. Neue Einflüsse in unseren täglichen Abläufen prägen sich unbewusst in unserem Gedächtnis ein. Unser Gehirn ist dafür geschaffen, Neues zu speichern und bei Bedarf abzurufen. Ich denke, dass wir ohne diese Fähigkeit nicht so fortschrittlich und weiterentwickelt wären, wenn wir nicht aus dieser Gabe profitieren könnten.

Angefangen beim Homo Erectus, der es geschafft hatte, nach unzähligen Versuchen ein Feuer mit Gras und Zweigen zu entfachen und zu kontrollieren. Durch diesen Erfolg konnte er sich am Feuer wärmen und Essen zubereiten. So hat sich auch das soziale Miteinander weiterentwickelt.

Ein weiteres Beispiel ist die Entwicklung der Dampfmaschine, die Thomas Savery erfunden hat. Er hat mit seinen ständigen Versuchen sein Wissen ununterbrochen erweitert, um eine besser funktionierende Maschine bauen zu können. Mit dem Bau und dem sich nachziehenden Erfolg ist die industrielle Revolution deutlich vorangeschritten.

Doch es stellt sich die Frage, wie haben es die klugen Köpfe unserer Zeitgeschichte geschafft, große Erfindungen zu kreieren?

Die Frage ist ganz einfach zu beantworten. Indem sie Fehler gemacht haben. Daher kommt auch der Spruch: „Aus Fehlern lernt man" nicht von ungefähr. Bei Fehlern muss schließlich immer hinterfragt werden warum zum Beispiel in der Mathematik das Ergebnis falsch ist, oder der programmierte Code nicht zu 100% funktioniert. Nur dadurch können wir das neu erlernte Wissen vertiefen und entsprechend abspeichern. Denn unser Gehirn lernt ununterbrochen weiter, ohne dass wir es bewusst wahrnehmen oder bemerken.

Um überhaupt lernen zu können, muss die Arbeitsatmosphäre und das Umfeld stimmen. Dazu gehört eine gut funktionierende Lernstrategie mit einem passenden Lernplan. Ein Arbeitsplatz, an dem ungestört gelernt werden kann ist eine wichtige Grundvoraussetzung.

Denoch sind Störungen während dem Arbeiten und Lernen bei allen Lerntypen unvermeidbar. Diese gilt es auf ein Minimum zu reduzieren und man sollte auch unbedingt lernen einfach auch mal „Nein" zu sagen.

1.1 Wie sieht mein Arbeitsumfeld aus?

Mein Arbeitsumfeld ist ganz klassisch - und ich meine so ist es bei vielen - mein Zimmer, das in zwei Räume aufgeteilt ist. Das Arbeitszimmer ist mit zwei Schreibtischen, einem Schreibtischstuhl und einem Beistelltisch und Schränken ausgestattet. Auf einem Schreibtisch steht ein Monitor und eine Docking-Station, an der mein Laptop angeschlossen ist.

Durch die beiden Bildschirme habe ich automatisch eine größere Benutzeroberfläche und kann somit für die verschiedenen Fächer besser und schneller arbeiten. So habe ich für mich eine gute Lösung gefunden schneller an meine Skripte zu gelangen. Gerade während Recherche-Arbeiten erweist sich diese Ausstattung als sehr effektiv.

Am anderen Schreibtisch werden Angelegenheiten, die während meines Studiums anstehen, erledigt. Hier bearbeite ich auch meine Aufschriebe und Notizen, sowie allen anderen anfallenden Schreibarbeiten aus den Vorlesungen. Die Aufschriebe ergänze ich während meiner Recherche in der Nachbearbeitung.

Ich sitze nicht jeden Tag in meinem Arbeitszimmer zum arbeiten. Oftmals sitze ich im Esszimmer und erledige dort einfache und kleinere Arbeiten. Das sind in der Regel kleinere Nachbearbeitungen oder ich notiere mir wichtige Gedanken solange die Erinnerung noch frisch ist. Nebenher läuft manchmal der Fernseher wo ich mir Nachrichten oder andere Informationssendungen anhöre.
Jetzt mag sich das widersprüchlich anhören, da man dadurch vielleicht abgelenkt ist. So dachte ich früher auch immer, bis ich auf einen Beitrag aufmerksam wurde, dass Hintergrundgeräusche wie Fernseher oder Musik die Konzentrationsfähigkeit durchaus auch steigern können.

Wenn ich in meinem Zimmer arbeite, läuft bei mir meistens im Hintergrund Musik in angemessener Lautstärke.

Meine Skripte und Aufschriebe bewahre ich den entsprechenden Fächern zugehörig in den dafür vorgesehenen Ordnern auf. Diese stehen stets griffbereit im Schrank. Mein Arbeitszimmer ist immer aufgeräumt. Schon in der Grundschule wurde vermittelt, dass man eine Arbeitsumgebung schaffen soll, in der man sich ohne Probleme zurechtfindet. Chaos und Suche kosten nicht nur wertvolle Zeit sondern sind auch nervenaufreibend.

1.2 Welcher Lerntyp bin ich?

Über unsere Schullaufzeit hinweg hat sich jeder lernbereite Schüler eine eigene Lernstrategie angeeignet. Allerdings gibt es viele unterschiedliche Lerntypen. Die Art und Weise, wie der Mensch am besten lernt, ist schon vielfach untersucht und erforscht worden. Dabei wurde festgestellt, dass es drei verschiedene Lerntypen gibt. Es gibt den auditiven, den visuellen und den kinästhetischen Lerntyp. Es werden noch weitere Lerntypen aufgeführt, die durch reine Informationsbeschaffung lernen oder sich den Stoff durch Gespräche oder in Diskussionen aneignen.

Die Ergebnisse von solchen Lernforschungen zeigen, dass wir dann erfolgreich lernen, wenn zudem möglichst viele Sinne beteiligt sind. Unsere Sinnesorgane – also Augen, Ohren, Nase und Hände – geben uns die Möglichkeit die erhaltenen Lerninformationen an das Gehirn weiterzuleiten.

Da Kombinationen von mehreren Lerntypen gar nicht so unüblich sind, sehe ich mich als den auditiven und visuellen Lerntyp. In Vorlesungen kann ich viel mehr aufnehmen und auch bewusster Wahrnehmen wenn ich in den Skripten Grafiken, Schaubilder oder Diagramme usw. sehen kann. Wenn dazu noch mündliche Informationen kommen, kann ich die Themen besser umsetzen und begreifen.

Deshalb ist es für mich trotzdem unerlässlich, andere Wege zu finden um Informationen aufzunehmen, zu verstehen, zu begreifen und möglichst lange zu behalten und bei entsprechender Gelegenheit abzurufen oder zu präsentieren.

Ich versuche mich so zu organisieren, dass ich täglich eine kurze Zeit investiere um Notizen aus Vorlesungen so auszuformulieren, damit sich die gespeicherten Informationen einprägen können.

Durch dieses schriftliche Festhalten, egal ob nun handschriftlich oder auch auf dem Laptop intensiviere ich das Gelernte. Dazu formuliere ich Notizen aus den Vorlesungen nochmals neu und in lesbarer Schrift. Oftmals recherchiere ich dafür im Internet nach weiteren Themenbezogenen Artikeln oder sehe mir auch Videos zu dem entsprechenden Thema an.

Diese Lernstrategie ist allerdings nicht für jedes Modul geeignet. Im Modul Programmierung macht es meiner Ansicht nach wenig Sinn Aufschriebe anzufertigen. Programmieren ist eine Frage der Übung!

Der kinästhetische Typ hat auf diesem Gebiet deutliche Vorteile, da dieser mit seinen motorischen Fähigkeiten die Logik der Programmiersprache im Gegensatz zum auditiven und visuellen Typ besser verstehen und umsetzen kann.

1.3 Was ist meine Lernstrategie?

Die Planung meiner Lernstrategie habe ich so aufgebaut, dass sie für jedes Modul einsetzbar ist. Jedes einzelne Modul plane ich als Lerneinheit mit maximal zwei Stunden ein. Diese Lerneinheiten können in mehrere Etappen aufgeteilt sein. Nach einer Etappe mache ich kleine Pausen von bis zu fünf Minuten.

Während der Einteilung der Lerneinheiten in die einzelnen Etappen verschaffe ich mir zu dem Thema einen Überblick. Anschließend folgt die Aufteilung in die einzelnen Etappen. Dabei teile ich die Unterkapitel in den einzelnen Etappen nach dem Schwierigkeitsgrad aufsteigend ein.

Unkomplizierte Aufgaben bearbeite ich zuerst. Das erzeugt ein positives Gefühl und vereinfacht den Einstieg in die schwierigeren Etappen. Bei kritischeren Themen nehme ich mir Hilfe aus dem Internet. Dabei bevorzuge ich Videos auf Youtube. Sie bieten den Vorteil, dass man sie immer wieder ansehen kann.

Ein Großteil der Videos sind sehr gut aufbereitet und anschaulich erklärt, sodass weitere Suchaktionen meistens ausbleiben. Auch während der Sichtung der Videos mache ich Notizen.

Helfen die Videos nicht weiter, behelfe ich mir mit der klassischen Suche im Internet. Sollte ich keine nützlichen Informationen bei der Online-Recherche finden, schreibe ich meine Fragen auf und versuche sie in den Vorlesungen zu stellen.

Meine Notizen aus den Vorlesungen und Recherchen trage ich handschriftlich zu einem Dokument zusammen. So habe ich Chance meine erarbeiteten Themen zu vertiefen und bei Bedarf abrufbar zu machen.

Im Modul Programmierung verfolge ich eine etwas andere Lerntechnik. Ich verwende zwar dieselbe Lernstrategie mit Etappen und Pausen jedoch schreibe ich hier keine Zusammenfassungen. Hier bearbeite ich viele Übungen zur Programmiersprache direkt am Laptop. Auch hier erledige ich einfache Abläufe zuerst und gehe Schritt für Schritt an die schwierigen Aufgaben heran. Da in der Prüfung der Code hier per Hand geschrieben werden muss, schreibe ich den funktionierenden Code per Hand auf. Somit bekomme ich das Gefühl, handschriftlich zu programmieren.

Diese Lernstrategie ist eine abgewandelte Form der PQ4R-Methode. Die Lerntechnik ist deshalb abgewandelt, weil keine selbstbearbeitete Fragen beantwortet werden. Diese Methode nennt sich PQ2R-Methode, sie ist zwar wesentlich zeitintensiver als die ursprüngliche Methode, ist jedoch meines Erachtens für den weiteren Wissenserwerb genauso effektiv. Diese Lernstrategie erfordert ein hohes Maß an Konzentration und sollte ohne große Unterbrechungen erfolgen.

1.4 Was tue ich bei Störungen?

Um Störungen vorzubeugen, dich ich selber verursache sollte ich eine gute Planung entwickeln und auch im Vorfeld gut organisiert sein. Mit einer sinnvollen Planungs- und Organisationstechnik kann ich längere Arbeitsprozesse so motivierter erledigen.

Das bedeutet, dass ich versuche zweckmäßige Arbeitsstrategien auszuarbeiten und auch entsprechend umzusetzen.

Um von meiner Seite aus Lern- du Arbeitsstörungen zu vermeiden, achte ich nach Möglichkeit immer darauf wichtige Gedanken zu notieren, denn dann ist die Erinnerung noch gegenwärtig. Ich versuche lieber jeden Tag eine kurze Zeit zu arbeiten, als alles bis zum letztmöglichen Zeitpunkt zu verschieben. Ich halte schriftliches fest – egal ob handschriftlich oder auf dem Computer – das intensiviert zusätzlich das Gelernte.

Unverzichtbar ist auch die Organisation und die Vorbereitung von Dingen die auf den ersten Blick nicht wichtig erscheinen. Damit meine ich vollständige und funktionsfähige Arbeitsmaterialien. Auch ein übersichtliches System zur Ordnung und Archivierung meiner Materialien sind wichtig um Störungen vorzubeugen. Scheinbare Nebensächlichkeiten wie ein geordneter Arbeitsplatz und eine konzentrationsfördernde Atmosphäre beugen Störungen vor.

Der größere Störfaktor kann aber auch das Umfeld sein. Ständig ploppt eine Nachricht auf dem Smartphone auf. Automatisch schaut man auf das Display und ist prompt abgelenkt. Das führt fast immer zu Verzögerungen, da es meistens eine Weile dauert, bis man wieder im Thema drin ist.

Um solche Störungen zu erkennen und zu vermeiden, sollte man zu Beginn der Lerneinheiten das Smartphone am besten ausschalten und seinem Umfeld kommunizieren das man nicht gestört werden möchte.

Doch trotz aller guten Planung und Organisation kann es doch vorkommen, dass mich einfach meine Konzentration im Stich lässt oder ich nicht ausreichend motiviert bin. Für solche Störfaktoren plane ich auch Ruhephasen ein. Dabei helfen mir diverse Ablenkungen, wie zum Beispiel ein kurzer Spaziergang an der frischen Luft oder auch einfach nur eine Erfrischung.

Besonders gut ist aber für mich immer noch, wenn ich mich kurzfristig mit etwas Ablenken kann, dass gar nichts mit meinem Studium zu tun hat.

1.5 Wie sieht mein Zeitplan aus?

Mein Zeitplan ist zusammen mit meiner Nebentätigkeit recht ordentlich bestückt. Vormittags – teilweise auch nachmittags – besuche ich regelmäßig die Vorlesungen an der Hochschule. Zwei Tage unter der Woche sind noch zusätzlich für meinen Nebenjob verplant.

	Montag	Dienstag	Mittwoch	Donnerstag	Freitag	Samstag	Sonntag
08:00	LuA 08:00 - 09:30	PROG 08:00 - 09:30			Rewe 08:00 - 09:30		
09:00						Lerneinheit Mathematik 12:00 - 14:00	
10:00	LuA 09:45 - 11:15	Mathematik 09:45 - 11:15	WIN 09:45 - 11:15	Lerneinheit PROG 10:00 - 12:00	Rewe 09:45 - 11:15		
11:00							
12:00	INF 11:30 - 13:00	Mathematik 11:30 - 13:00	OM 11:30 - 13:00		Lerneinheit WIN 12:00 - 14:00	Lerneinheit Rewe 12:00 - 14:00	
13:00	Pause 13:00 - 15:00	Pause 13:00 - 16:00	Tut-PROG 13:15 - 14:45	Tut-Rewe 13:15 - 14:45			
14:00							
15:00	WIN 15:00 - 16:30		Pause 15:00 - 17:00	BWL / Rewe 15:00 - 16:30	Lerneinheit OM 15:00 - 17:00	Arbeit 15:00 - 21:00	
16:00		Arbeit 16:00 - 21:00					
17:00	WIN 16:45 - 18:15		Lerneinheit INF 17:00 - 19:00	BWL / Rewe 16:45 - 18:15			
18:00					Lerneinheit BWL 12:00 - 14:00		
19:00							
20:00							

Meine Lerneinheiten erledige ich abends und am Wochenende. Sie sind so struktu-riert, dass sie im Grundinhalt zusammenpassen. So habe ich beispielsweise einen Tag mit Online-Marketing (OM) und BWL verplant. Somit muss ich mich nicht in kom-plett neue Module einarbeiten.
Mit dieser zeitlichen Planung habe ich mir eine gute Strategie zurechtgelegt, die es mir ermöglicht strukturierter zu lernen. Diese Module sind ebenfalls in Lerneinheiten und Etappen aufgebaut.

Meine Arbeitsprozesse versuche ich kontinuierlich und rechtzeitig einzuhalten und vermeide Lerneinheiten hinauszuzögern oder zu verschieben.

2 Das Studium

Das Studium bzw. der Abschluss eines Studiums ist für Absolventen von Gymnasien nicht mehr wegzudenken. Statt sich für eine Lehre zu entscheiden, wird nach dem Abitur eine Hochschule oder eine Universität besucht. Wie auch immer die Entscheidung ausfällt, für Beides muss man lernen.

Bei einer Lehre müssen in der Regel drei Jahre für eine Berufsschule investiert werden. Dreieinhalb Jahre durchläuft ein Student sein Studium um einen Bachelor machen zu können. Es gibt natürlich auch länger dauernde Studiengänge wie Jura oder Medizin.

Doch ist ein Studium immer wichtig? Vielen Heranwachsenden geht es mittlerweile nur um Prestige. Die meisten wollen einen gut dotierten Job oder wollen in die Selbstständigkeit. In den meisten Köpfen herrscht das Vorurteil, dass man nur einen guten Job bekommt, wenn man studiert hat.

Berühmte Menschen, wie Steve Jobs oder Bill Gates haben einst auch mit einem Studium angefangen und bereits nach einem Semester abgebrochen. Vielmehr haben sie sich darauf konzentriert eine eigene Firma aufzubauen. Ihr Erfolg ist auf der ganzen Welt nicht mehr wegzudenken.

Oder auch Facebook-Gründer Marc Zuckerberg, der mit drei weiteren Studenten die bekannteste und größte Social-Media Plattform gegründet hat, er hat sein Studium auch nie beendet.

Was haben die drei Männer gemeinsam?

Sie haben mit großem Fleiß und noch mehr Ehrgeiz die größten Firmenimperien der Welt aufgebaut. Sie sind der berühmteste Beweis das man auch ohne ein Studium erfolgreich sein kann.

Es gibt aber auch Gegenbeispiele. Einige große Firmen wurden mit Hilfe eines Studiums aufgebaut.

Gerhard Schick von der Firma Bechtle hat mit Hilfe eines Studiums die Firma gegründet. Heute ist die Firma das am stärksten wachsende Systemhaus in Europa. Wenn man an Carl Benz zurückdenkt, ohne sein Maschinenbau-Studium würde unsere Automobil-Industrie nicht so weiterentwickelt sein. Zudem würde es die Marke Mercedes-Benz wahrscheinlich gar nicht geben.

Es ist jeden selbst überlassen ein Studium anzustreben. Doch, wenn man sich für ein Studium entscheidet, sollte auch die höhere Bereitschaft zum intensiven und kontinuierlichen Lernen vorhanden sein. Dazu sollten regelmäßig die Vorlesungen besucht werden und Lerninhalte auch in Selbststudien erarbeitet werden.

Nicht jeder hat das Glück ein Bill Gates oder Marc Zuckerberg zu werden.

Es gibt aber auch Gegenbeispiele. Einige große Firmen wurden mit Hilfe eines Studiums aufgebaut.

2.1 Hingehen oder nicht?

Es gibt drei verschieden Typen von Studenten. Der eine Typ besucht regelmäßig jede Vorlesung, der andere besucht nur bestimmte Vorlesungen und der Dritte geht nur selten oder zu gar keinen Vorlesungen.

Die verschiedenen Abteilungen einer Universität oder Hochschule werden als Fakultäten bezeichnet. Das Adjektiv zu Fakultät ist fakultativ und bedeutet nichts anderes, als dem eigenen Ermessen überlassen.

Es obliegt jedem Studenten selbst ob er regelmäßig zu den Vorlesungen geht oder nicht. Vorlesungen sind nicht immer Pflichtveranstaltungen. Auch besteht je nach Studienwahl nicht zwingend eine Anwesenheitspflicht. Dozenten führen in den meisten Fällen keine Anwesenheitsliste, da sie es den Studenten überlassen ob sie an den angebotenen Verlesungen teilnehmen oder nicht.

Ich persönlich finde es wichtig an den einzelnen Vorlesungen teilzunehmen. Ich sehe darin viele Vorteile. Da unsere Dozenten die Vorlesungen in der Regel so gestalten, dass es wie ein regulärer Unterricht wirkt, kann ich mich mit den Lerninhalten direkt vor Ort auseinander setzen und bei Bedarf gezielt Fragen stellen. Durch die Teilnahme an den Vorlesungen habe ich auch die Möglichkeit Notizen zu machen und mich mit den Inhalten vertraut zu machen. Zudem gibt der Dozent wichtige Informationen weiter, die in den Skripten nicht vorhanden sind. Einen weiteren Vorteil sehe ich darin, mit meinen Kommilitonen wichtige soziale Kontakte aufzubauen. Das verbessert meiner Ansicht nach nicht nur die soziale Komponente, sondern es ergibt sich dadurch auch die Chance Lernstoff miteinander zu besprechen und sich somit auch auszutauschen. Für bestimmte Lerntypen ist das eine hervorragende Strategie Lernstoff optimal zu vertiefen.

Oftmals sind Erstsemesterstudenten mit den vielen verschiedenen Abläufen einer Universität überfordert. Da wirkt es sich positiv aus, wenn man in Vorlesungen auf Kommilitonen aus höheren Semestern trifft, da sie einen mit guten Ratschlägen und Tipps weiterhelfen können.

Mit der richtigen Einstellung und der richtigen Lernstrategie kann so der Lernstoff am effektivsten genutzt werden.

2.2   Meine Vorbereitung auf Vorlesungen?

Die Vorbereitung für die einzelnen Vorlesungen ist für mich der erste Ansatz, sich mit neuem Lernstoff vertraut zu machen. Pro Modul nehme ich mir mindestens 15 bis 20 Minuten Zeit. Dazu dient mir das Skript als Vorlage, dass ich mir zuvor heruntergeladen und ausgedruckt habe.

Da es inzwischen auch nachgewiesen ist, dass das Lesen am Bildschirm wesentlich länger dauert, sollte man sich grundsätzlich überlegen, Skripte immer auszudrucken. Zunächst verschaffe ich mir einen groben Überblick. Die erste Informationsaufnahme dient bereits dazu, bestimmte Textstellen zu markieren.

Ich achte auf bestimmte Informationen im Text und versuche den Aufbau des Lernstoffes in verschiedene Abschnitte aufzuteilen. Fremdwörter oder Fachbegriffe die ich nicht kenne oder verstehe, schlage ich im Internet nach. Dazu mache ich mir Notizen auf einen Blatt das ich dem Skript beifüge.

Leider ist es bereits schon öfter vorgekommen, dass man keine Skripte bekommen hat oder erst kurz vor der Vorlesung bekommt. So ist eine Recherche oder Vorbereitung nicht möglich. Ebenso bereite ich mich anhand meiner Notizen und der Nachbereitung aus den Vorlesungen vor. Das geschieht dann, wenn sich ein Thema über mehrere Vorlesungseinheiten zieht. Hilfreich sind für mich dann auch die Zusammenfassungen, die ich nochmals durchgelesen habe. Das Skript selbst nehme ich zur Hand, wenn Abbildungen dazugehören. Das bietet mir den Vorteil, den Lernstoff aus der letzten Vorlesung und Nachbereitung zu repetieren. Zusätzlich bietet mir die die Wiederholung die Möglichkeit, um meine Vorbereitung zu vereinfachen.

2.3 Aktive Teilnahme an der Vorlesung

Für mich ist eine aktive Teilnahme an einer Vorlesung meistens nur dann möglich, wenn ich vorbereitet bin. Ich habe für mich festgestellt, dass nur durch aktive Teilnahme der Lernstoff besser aufgenommen wird und sich somit ein höherer Lernerfolg einstellt.

Der Dozent gestaltet die Vorlesung so, dass er auch Fragen an die Kommilitonen stellt. Daraus entwickeln sich Gespräche, die mitunter zu den verschiedensten Versionen einer richtigen Antwort führen. Durch diese Kommunikation hat man die Möglichkeit, die daraus entstandenen Lerneinheiten zu verstehen und auch langfristig im Gedächtnis abzuspeichern.

Zudem hat auch der Dozent ein Feedback, dass die Studenten Interesse zeigen und er nicht nur seinen Lernstoff abarbeitet.

2.4 Mitschreiben von Notizen

Das klassische Bild einer Vorlesung ist, dass der Dozent das entsprechende Thema vorträgt und die Studenten zuhören und im Idealfall mitschreiben. Gute Notizen und Mitschriebe erweisen sich immer besonders wertvoll, wenn man in der Nachbearbeitung darauf zurückgreifen kann.

Die Vorbereitung auf eine Vorlesung, aufmerksam, konzentriert und aktiv mitzuarbeiten hilft nicht alleine den Lernstoff aufzunehmen. Die Grundbasis für die Vor- und Nachbereitung sind die Notizen.

Es reicht oftmals wenn man Stichwortartig notiert, oder auffällige Schlagwörter mitschreibt. Dabei spielt es keine Rolle, ob der eigene Gedankengang nun richtig oder falsch ist, spätestens in der Nachbearbeitung bestätigt sich der notierte Gedanke.

Das Mitschreiben ermöglicht mir ein besseres Aufnehmen des Vortrages. Nebenbei steigert es die Konzentration, da man gleichzeitig schon wichtiges von unwichtigem trennt. Mit unseren heutigen technischen Möglichkeiten gibt es verschieden Varianten, sich Notizen zu machen. Ich nutze häufig ein iPad Pro. Mithilfe des dazugehörigen Stiftes schreibe ich mithilfe der App Penultimate die Notizen während der Vorlesung auf. Im selben Schritt habe ich das Skript im PDF-Format geöffnet, um der Vorlesung besser folgen zu können.

Zudem kann ich im Skript ebenfalls Notizen machen.

Wichtige Wortmarkierungen und Fachbegriffe markiere ich auf dieselbe Weise.

2.5 Die Nachbereitung

Nach der Vorlesung ist vor der Vorlesung. Deshalb gilt für mich die Nachbereitung als Grundlage für die kommenden Vorlesungen. Unter Nachbereitung verstehe ich nicht nur das ergänzen von Notizen und Aufschrieben, sondern das vielmehr Ungeklärtes erarbeitet werden muss. Zudem müssen Sachverhalte überprüft werden oder unklare Definitionen nachgeschlagen werden.

Im Kapitel Lernstrategie habe ich bereits ein Einblick gegeben, wie meine Nachbereitung aufgebaut ist. Ich plane für jedes Modul zwei Stunden ein und setze mir mehrere Etappen. In diesen Etappen bearbeite ich Vorgehensweisen und Definitionen. Für einzelne Module wende ich noch zusätzliche Übungen an um sehr wichtiges zu vertiefen.

2.5.1 Die Nachbereitung einzelner Fächer

In meinem Studiengang Wirtschaftsinformatik haben wir viele verschiedene Module. Zu jedem Modul muss eine Nachbereitung durchgeführt werden. Allerdings kann nicht jedes Modul mit dem gleichen Schema bearbeitet werden.

Nachbearbeitung Informatik

Im Modul Informatik gehe ich strikt nach meinem Plan vor. Ich gleiche zuerst das Skript mit meinen Aufschrieben und Notizen ab. Da in den Skripten Fragen zum Thema gestellt sind, erarbeite ich mir zunächst die Antworten. Habe ich bei der Lösungsfindung Probleme, helfe ich mir mit Internet oder anderen Hilfsmitteln wie Lexika oder E-Books weiter. So arbeite ich die anfallenden Etappen systematisch ab.

Nachbearbeitung Wirtschaftsinformatik

Im Modul Wirtschaftsinformatik verändert sich meine Lernmethode nicht wesentlich. Der einzige Unterschied besteht darin, dass ich in der Anfangsphase keine Fragen habe. Hier beginne ich direkt mit Hilfe meiner Notizen und Aufschrieben mit der Bearbeitung der anfallenden Etappen. Mit den verschiedenen Medien die mir zur Verfügung stehen ergänze ich meine Zusammenfassungen.

Nachbearbeitung Programmierung

Beim Programmieren ist es unerlässlich regelmäßig zu üben. Zusammenfassungen oder Notizen zu schreiben sind hier so ziemlich überflüssig. Zuerst programmiere ich einfache Befehle und erhöhe dann Schritt für Schritt den Schwierigkeitsgrad. Funktioniert die programmierte Anwendung, notiere ich mir diese handschriftlich.

Das verschafft mir zusätzlich ein besseres Gefühl. Zudem hilft mir das Tutorium zur Programmierung weiter.

Nachbearbeitung Online-Marketing

Im Fachbereich Online-Marketing ergeben sich ebenfalls keine Abweichungen von meiner Lernstrategie. Zu meinen bereitgestellten Skripten aus dem ILIAS bearbeite ich meine Notizen und Aufschriebe.

Nachbearbeitung Mathematik

Für dieses Modul muss einiges trainiert werden. Mit leichteren Aufgaben beginnen und dann den Schwierigkeitsgrad erhöhen erweist sich hier als die effektivste Methode. Erschließt sich mir kein plausibles Ergebnis, nehme ich die Hilfe von YouTube in Anspruch. Danach vertiefe ich durch Wiederholungen die richtigen Rechenwege.

Nachbereitung Rechnungswesen

Der Themenbereich Rechnungswesen bedeutet Recherche und Üben. Diese Lerneinheit teile ich in Theorie und Praxis auf. Im theoretischen Teil überarbeite ich Definitionen und Grundbegriffe. Im praktischen Teil bearbeite ich Übungen aus Lehrbüchern aus unserer Bibliothek. Danach gleiche ich die Lösungen mit dem Lehrbuch ab. Zudem bietet mir das Tutorium die Möglichkeit, Hilfe zu einzelnen Fragen zu bekommen.

3 Die schriftliche Prüfung

Niemand schreibt gern Prüfungen. Damit man aber zum Ende seines Studiums einen qualifizierten Studienabschluss oder Bachelor – bzw. Masterabschluss erhalten kann, sind Prüfungen eine unabänderliche Notwendigkeit.
Für die Prüfung sollte man eine zusätzliche Vorbereitungsphase einplanen.
Spätestens nachdem der Prüfer bzw. der Dozent die irrelevanten Themen ausgeschlossen hat, sollte man sich auf die Prüfung vorbereiten. Als „Lernender" liegt es in meiner eigenen Handlungskompetenz und Einstellung dieser Pflicht nachzukommen.

Der Lernstoff sollte verstanden, verarbeitet und abgespeichert sein. So habe ich der jeweiligen Situation angemessen, mein Wissen jederzeit abrufbar zur Verfügung.

Bei Prüfungen wird der Wissens- und Kenntnisstand festgestellt. In diesen Klausuren, die immer zum Ende eines Semesters anstehen, bekomme ich auch für mich selbst die Bestätigung ob ich für dieses Studium geeignet bin. Die Klausuren zeigen uns Studenten auf, in welchem Stadium wir uns befinden. Prüfungen geben uns aber auch die Möglichkeit, die eigene Lernmotivation bewusster zu hinterfragen.

Mit bereits bestandenen Klausuren fällt uns Studenten das Lernen für die kommenden Semester schon etwas leichter. Da sich der Lernstoff auf den vorhergegangen Semestern aufbaut, ist es wichtig einen strukturierten Lernplan einzuhalten, um Defizite zu vermeiden.

Während der Vorbereitungsphase ist es aber auch wichtig, dass ich Arbeits- und Freizeitphasen klar trenne. Versuchungen gefährden meistens die eigene Motivation und entziehen viel Energie. Deshalb sollten sie in den Arbeitsphasen konsequent vermieden werden. Im Folgenden möchte ich darstellen welche Strategien ich anwende um mich bestmöglichst auf Prüfungen vorzubereiten.

3.1 Vorbereitung zur schriftlichen Prüfung

Viele Studenten lernen für ihre Klausuren auf den letzten Drücker. Dabei setzen sie ihr Gehirn so sehr unter Druck und bemerken nicht, dass sie das gelernte nur in ihrem Kurzzeitgedächtnis abspeichern. Das bedeutet, dass vieles schon vor Beginn der Klausur verloren bzw. nicht mehr vorhanden ist. Zu diesem Zeitpunkt ist ihnen noch nicht klar, dass Sie dieses Wissen auch für aufsteigende Semester oder für ihr späteres Berufsleben benötigen werden.

Mit einer kontinuierlichen und gut strukturierten Lerntechnik ist man gut auf eine Prüfung vorbereitet.

Während meiner Prüfungsphase setze ich mir Teilziele, die ich möglichst regelmäßig überprüfe. Mit einer Checkliste gehe ich nochmals die wichtigsten Inhalte durch und überarbeite meinen Lernplan. So kann ich eventuell noch Lücken entdecken, die ich mir noch einmal genauer ansehe.

Dabei setze ich mir Teilziele, die ich wiederum regelmäßig überprüfe um mich selbst nicht unter Druck zu setzen oder zu überfordern.

Um meine Leistungsfähigkeit in der Endphase zu erhalten, achte ich auf eine angenehme und konzentrationsfördernde Umgebung, die mich positiv beeinflusst und meine Motivation aufrecht hält.

3.2 Bildung von Lerngruppen

Eine Lerngruppe zu bilden ist für mich die beste Möglichkeit, sein bisher erlerntes Wissen mit anderen zu teilen. Dabei gibt es verschiedene Methoden, sich gegenseitig abzufragen.

In meiner Prüfungszeit als Auszubildender habe ich bereits Erfahrung mit Lerngruppen gemacht. Ziel unserer Lerngruppe war es, sich anspruchsvollere Themen gemeinsam zu erarbeiten.

Dabei haben wir zuerst einen Organisationsplan erstellt, indem wir die Arbeitsaufteilung verbindlich und übersichtlich planten. Während der Ausarbeitung haben wir uns nicht nur gegenseitig unterstützt und motiviert, sondern auch Themen diskutiert und Fragen neu erörtert. Jeder hat vom Wissen des anderen profitieren können und war gleichzeitig immer auf demselben Wissensstand wie die anderen Gruppenmitglieder. Wenn nach mehreren Treffen die Themen vorgestellt und besprochen worden sind, haben wir uns zu jedem Thema mögliche Klausurfragen ausgedacht und gegenseitig gestellt. Damit haben wir unseren Kenntnisstand überprüft und eventuelle Lernlücken aufgefüllt.

Voraussetzung für eine erfolgreiche Lerngruppe sollte aber immer auch eine zulässige und pünktliche Verabredung sein, an die sich alle Beteiligten halten müssen.

3.3   Tag der Prüfung

Der Prüfungstag kann ziemlich nervenaufreibend sein. Daher gilt es Ruhe zu bewahren und sich nicht aus dem Konzept bringen zu lassen. In der Regel ist das leichter gesagt, als getan. Deshalb habe ich mir ein Ritual angeeignet, damit ich nicht in meiner Konzentration gestört werde und ruhig in die Prüfung gehen kann.

Am Abend vor der Prüfung stelle ich mit Hilfe meiner Checkliste alle notwendigen Utensilien zusammen. Dabei achte ich darauf dass alle Materialien funktionieren und bei Bedarf Einsatzbereit sind.

Am Prüfungstag pflege ich mein Morgenritual. Das gibt mir ein gutes Gefühl und folgt einer gewissen Routine.

Am Tag der Prüfung fahre ich früher los, um unvorhergesehenen Ereignissen entgegenzuwirken. Das macht es mir möglich, ruhig und fokussiert in die Klausur zu gehen.

4   Fazit

Egal ob für Studium, Schule oder Berufsausbildung, lernen ist ein wesentlicher Bestandteil. Wie man lernt, ist jedem selbst überlassen. Im Laufe der Schulzeit, entwickelt jeder seine eigene Lernstrategie. Welche Methoden es gibt und wie diese angewendet werden können, ergibt sich im Laufe der Schul- und Ausbildungszeit.

Diese Methoden probiert man stetig aus. Sollten diese für den Lernenden funktionieren kann er die passende Methode in seinen Lernplan einordnen. Hierzu ein kleines Beispiel: Während ich früher nur Zusammenfassungen aus Lehrbüchern oder Arbeitsblättern geschrieben habe, habe ich für mich die Vorgehensweise gefunden, mir Fragen zum Text niederzuschreiben und diese selbstständig zu beantworten. Eine andere Lösung habe ich für meine Probleme in Mathematik gefunden. Hier habe ich oft nicht gewusst, wie ich zum Ergebnis komme. Da mir der Rechenweg schleierhaft war, musste ich mir eine Alternative überlegen. Mithilfe von YouTube-Videos konnte ich kompliziertere Rechenwege wiederholen und verinnerlichen.

Nachdem ich gemerkt habe, dass diese Lernweise gut geeignet ist, habe ich diese in mein Lernkonzept mit aufgenommen.

Es ist grundlegend, dass jeder für sich eine eigene Lernmethode findet, die es ermöglicht, Spaß am Lernen zu haben. Für welche Art und Weise er sich entscheidet, ist jedem selbst überlassen.

Hierbei gibt es keine Universalmethode, die in jedem Fach einheitlich anwendbar ist. Umso sinnvoller ist es, für jedes Fach eine individuelle Arbeitsweise auszuarbeiten. Ebenso habe auch ich nach Mitteln und Wegen gesucht, in einzelnen Themengebieten einen besseren Lernerfolg zu erzielen. Nur wenn das Ziel erreicht ist, hat sich meine Strategie bewährt.

Wie oben erwähnt ist es wichtig, Spaß am Lernen zu haben. Für mich bedeutet Spaß am Lernen, mir so viel Lernstoff wie möglich zu erarbeiten und anzueignen. Durch das Ausprobieren von verschiedenen Lernmethoden, habe ich es geschafft, die für mich optimale Strategie zu finden.